MŒURS ORIENTALES

*Imprimé pour les Sociétaires, et non mis
dans le commerce.*

MŒURS ORIENTALES

LES HUIS-CLOS

DE L'ETHNOGRAPHIE

De la Circoncision des filles. — Virginité. — Infibulation.
— Génération. — Eunuques. — Skoplzis. — Cadenas. — Ceintures.

PAR E. ILEX

LONDRES

IMPRIMERIE PARTICULIÈRE DE LA SOCIÉTÉ
D'ANTHROPOLOGIE ET D'ETHNOLOGIE COMPARÉES

MDCCCLXXVIII

MŒURS ORIENTALES

~~~~~~~~~~~~~~

DE LA CIRCONCISION DES FILLES

'ai toujours été frappé, en enten-
dant disserter sur les mœurs orientales au sein des sociétés savantes,
des erreurs qui s'y perpétuent et
se reproduisent dans les écrits les plus
sérieux, lorsqu'on veut s'étendre sur les
pratiques si peu décrites et par conséquent
si peu connues de ces lointains pays.

Ayant été à même, dans mes voyages, par de

longs séjours en Asie et en Afrique, d'étudier les Orientaux chez eux, j'espère être assez bien renseigné pour éclairer quelques points douteux, en précisant, au moyen de détails, les faits mentionnés par des voyageurs qui souvent ne mirent pas assez de soin à les observer, ou n'eurent pas le temps nécessaire pour en contrôler l'exactitude.

L'étude de la circoncision des filles m'amène à commencer ce récit par une anecdote.

Je transporterai, par la pensée, le lecteur en Syrie.

C'était à Beyrouth. Ayant dessiné dans les environs, je me disposais à rentrer en ville, lorsque je fus frappé par l'attitude d'une jeune fille qui, assise contre une masure en terre, semblait m'examiner avec la persistance et la fixité d'un dieu terme dont elle avait l'immobilité ; seulement, si elle mettait tous ses soins à voiler son nez et sa bouche, en ramenant sur sa figure une guenille de cotonnade, je m'aperçus bien vite que ce vêtement, trop sommaire, laissait parfaitement à découvert tout ce que la femme a l'habitude de cacher ; ce ne fut pas sans surprise que je constatai une anomalie à laquelle je devais me familiariser, un peu plus tard, pendant le séjour que je fis au Caire dans l'instructive compagnie du regretté docteur Godard.

Toujours est-il que, lorsque je me disposai à

prendre note de ce que je voyais, le modèle fit volte-face en rentrant au plus vite dans sa cabane comme dans un terrier. Je l'y suivis, et me trouvai devant une vieille femme. Tout le monde comprendra mon embarras au sujet de la demande que j'avais à faire. Heureusement, mon interprète, qui m'avait devancé, inquiet de mon absence, revint sur ses pas et me fut d'un grand secours.

Je passe sur les négociations ; bref, j'obtins assez difficilement la permission de faire un croquis, non pas que la mère du sujet y fît opposition au nom de la pudeur, mais pour tirer une rémunération plus forte de mon désir qu'elle croyait tout autre. La jeune fille revint donc s'asseoir à terre, ne conservant, comme avant, que la préoccupation de me cacher le bas de son visage.

J'observai alors le grand développement des nymphes, dont les plis muqueux se terminaient en pointe, reposant à terre sur une longueur de quelques centimètres de chaque côté du vagin, avant de se confondre avec celui-ci, à la face interne des grandes lèvres.

Les deux lobes formant ce prolongement charnu des petites lèvres, partant du prépuce, semblaient dépasser la trace du clitoris, dont on ne voyait pas le renflement arrondi terminal.

L'aspect de la vulve de cette fille de quatorze ans, probablement déjà déflorée, était repoussant. L'excroissance anormale, plus rouge que la peau généralement d'un ton bistré, était recouverte d'une poussière grise rendue humide par la sécrétion sébacée qui s'en échappait incessamment.

Le dessin que je vous soumets est fait d'après nature ; il est la reproduction de ce que je viens d'énoncer.

Je crois que l'élongation des nymphes doit être plus fréquente dans les pays chauds, même en dehors des endroits dans lesquels les filles et les femmes se livrent à des attouchements tendant à les produire.

Je sais que dans les zones tempérées les cas précités ne sont pas rares; même en France, cette particularité existe soit d'un seul côté, soit double. Les médecins sont, là-dessus, plus à même que moi de résoudre la question; mais, puisque j'ai parlé de l'Orient, je veux compléter la communication que je viens de faire en disant deux mots des opérations qui s'y pratiquent pour enlever ces excroissances, opérations très-ordinaires en Egypte, ce qui me fit admettre que le cas se présentait souvent. Il ne faudrait pas cependant se baser sur le grand nombre de fellahs dont les petites lèvres manquent, pour penser que leur vulve, à toutes, nécessitait cette ablation, mais seulement en attribuer la cause à la circoncision pratiquée d'une façon défectueuse. Une série de femmes et d'enfants que nous examinâmes, le docteur Godard et moi, nous confirma dans cette idée.

CIRCONCISION

Il est donc nécessaire, avant tout, de bien décrire la circoncision, laquelle consiste seulement dans l'enlèvement du clitoris, et se pratique de la manière suivante sur les filles de neuf à douze ans.

L'opérateur, qui est le plus souvent un barbier, se sert de ses doigts trempés dans la cendre pour saisir le clitoris, qu'il étire à plusieurs reprises d'arrière en avant, afin de le trancher d'un seul coup de rasoir, lorsqu'il présente un simple filet de peau. La plaie est recouverte de cendre pour arrêter le sang, et se cicatrise après un repos complet de quelques jours.

J'ai su plus tard, de l'aveu même des opérateurs, le peu de soin qu'on apportait à circoncire les filles dans les limites religieuses de l'opération, qu'on pratique plus largement en saisissant les nymphes à la hauteur du clitoris, et les coupant presque à leur naissance, à la face interne des grandes lèvres, dont les replis muqueux qui nous occupent sont, pour ainsi dire, la doublure cachant les organes reproducteurs ; ce qui reste des petites lèvres forme, par la cicatrisation des paroislisses, s'indurant et se rétrécissant, une vulve béante, d'un aspect singulier chez les fellahs circoncises.

On comprend facilement que la jeune fille dessinée avait besoin de la dernière circoncision dont je viens de parler, ou plutôt de la simple résection des chairs superflues, ainsi qu'elle se pratique journellement au Caire par des industriels, dont la fonction est analogue à celle des tondeurs de chiens de nos pays.

Les Egyptiens nous firent l'effet de ne tenir à aucune participation sensuelle de la femme pendant le coït. Celles-ci provoquent des sensations agréables au moyen d'un breuvage excitant, qui ne leur laisse généralement que le désir d'un plaisir toujours inassouvi.

La jeune fille dont nous venons de nous occuper n'offrait, après tout, que la présence du tablier, décrit dans tous ses détails par Cuvier, parlant de la Boschimane connue sous le nom de *Vénus hottentote*, et dont nous avons pu constater l'exactitude sur les organes génitaux conservés au muséum de Paris. (1)

(1) La circoncision, qui fut l'objet du chapitre précédent, faillit s'introduire en Angleterre il y a quelque

Peut-être serait-il intéressant, à propos d'usages secrets concernant les femmes, de soulever le voile qui laisse dans l'obscurité quelques particularités des mœurs orientales. Je vais placer ici des notes de voyage, transcrites avec leur simplicité prime-sautière de rédaction, c'est-à-dire conservant l'empreinte de la première impression, qui est celle que l'observateur doit bien se garder de négliger.

temps, un chirurgien de ce pays, se basant sur la suractivité fréquente du clitoris et sur l'abus qu'on en fait, pour attribuer à ces causes un grand nombre de maladies des organes génitaux de la femme, avait proposé, à titre de mesure préventive, l'ablation de cet organe.

Cette pratique se propagea avec une rapidité considérable en Angleterre, jusqu'au jour où la Société de chirurgie de Londres se prononça formellement pour son rejet.

VIRGINITÉ

Chez les peuples de l'Orient, la préoccupation de la virginité est plus factice que réelle : les Turcs n'y tiennent pas absolument; on est, du reste, très industrieux pour les tromper sur ce point.

Les Egyptiens désirent surtout des filles très jeunes, autant que possible de petite taille.

En Nubie, c'est vers neuf ans que ce font les fiançailles ; le mari déflore la jeune fille avec son doigt et devant témoins ; elle ne devient réellement sa femme qu'après une année et plus.

Chez les Arabes, si la fiancée n'est pas nubile, elle est déflorée par une matrone avec l'indicateur de la main droite entouré d'un linge ; si elle a ses menstrues, c'est le mari qui s'en charge, mais toujours avec le doigt recouvert d'un mouchoir, qu'on montre aux parents.

Les Cophtes schismatiques font comme les Arabes.

Les chrétiens catholiques se servent de leur

verge pour rompre l'hymen, les deux mères étant présentes.

A Constantinople, le mari commence à coïter ; il est contraint de se retirer lorsque les témoins jugent la femme déflorée, pour que le linge que l'on tient à montrer à la famille contienne seulement du sang.

Les Persans produisent aussi le mouchoir ensanglanté, après l'acte nécessaire à la défloraison.

INFIBULATION

Dans le Soudan, on incise la femme qui a été infibulée, c'est-à-dire dont le vagin a été rétréci artificiellement. L'infibulation sa pratique généralement à l'âge de sept ans, en fendant un peu les grandes lèvres, à leur sommet, ainsi que le clitoris suivant sa longueur, et liant fortement les cuisses, les genoux et les chevilles, sans permettre de mouvement jusqu'à ce que les chairs se collent ou, en forçant le sujet à demeurer une huitaine de jours les jambes fléchies sur les cuisses, afin de faciliter les conditions particulières que l'opérateur se propose pour la cicatrisation.

A Kartoum, on coud, dès l'âge de douze ans, les grandes lèvres, en ne laissant qu'un petit orifice.

Sauf le premier jour, pendant lequel le vocabulaire du marié est plein de paroles affectueuses et passionnées, les Egyptiens affectent, sous prétexte de dignité, la plus grande indifférence et manque absolu de tendresse. Les femmes le leur rendent bien, mais avec cette différence qu'elles ne le font pas paraître, et profitent du domino qui les couvre indifféremment dans la rue, pour commettre toutes sortes d'infidélités.

Il ne peut en être autrement, surtout en pays musulman, quand cela ne serait que par curiosité, puisque leur religion vante seulement les plaisirs des sens comme étant le plus grand attrait du paradis de Mahomet.

L'avortement est pratiqué sur une grande échelle au Caire, ainsi que la pédérastie, sans se cacher ni s'en défendre.

J'ai été à même, pendant plusieurs années de séjour en Perse, de me convaincre que la sodomie était dans l'Iran une habitude aussi invétérée qu'elle était ancienne. Là les hommes ne se montrent réellement amoureux et jaloux que de leurs mignons.

Les poésies sont faites surtout pour vanter les délices de ce genre de libertinage, soit avec des enfants, soit avec des animaux.

Des jeunes garçons de douze ans et plus, servent à ce plaisir honteux. On désigne ces adolescents sous différents noms : autrefois, icoglans ; aujourd'hui, danseurs, pages ou pichketmets, comme au Caire les mamelucks, qui ont la spécialité de coucher toujours aux pieds du maître, avec lequel ils sont, tour à tour, serviteur passif ou actif.

Les femmes un peu délaissées, et que les maris voient seulement pendant la journée, se livrent entre elles à la masturbation : elles ont souvent un amant de leur sexe, de même que le maître courtise un homme. Pour ce dernier cas, les détails ne nous manquaient pas, et, comme nous cherchions surtout à nous renseigner sur ce qui avait rapport aux *tribades* arabes, la chose nous fut affirmée et je dois même ajouter que le narrateur nous surprit beaucoup en nous racontant le fait suivant :

« Deux femmes vivaient ensemble dans une grande intimité. Le mariage de l'une n'interrompit pas leurs coupables embrassements. Un beau jour, celle qui n'avait pas de mari devint enceinte ; à côté de l'affirmation qu'elle en donnait, il fut presque prouvé qu'elle ne recevait pas d'homme. »

Je ne raconte ce fait que parce que Godard l'a consigné dans ses notes, en l'apostillant de la remarque : qu'il était possible que la femme active, la vulve encore chargée de semence, ait frotté celle de sa compagne, et y ait déposé les animalcules de son mari.

On a souvent agité dans la Société d'anthropologie la grande question de la génération.

M. Claude Bernard a traité ce sujet dans d'ins-
tructives conférences ; j'ai cru comprendre que
le savant professeur ne serait pas éloigné d'ac-
corder à la conception une limite d'effet un peu
plus grande que celle admise, jusqu'à autoriser à
penser, par exemple, qu'une femme vue par un
blanc et un noir, dans la même nuit, peut concevoir deux enfants, l'un noir, l'autre blanc.

GÉNÉRATION

Le système du docteur Pouchet, dont le langage à ce propos est autorisé en raison des recherches expérimentales dont il enrichit cet important sujet, peut se résumer en quelques mot : il assigne à la conception de la femme une précision fécondante qu'il limite, et indique, à la suite de celle-ci, une période d'interruption et de repos génésique. Pour lui, la femme n'est susceptible de concevoir que pendant l'époque menstruelle, qu'on divise en préparation, actes et suites.

Le trajet de l'œuf mûr, se séparant de la vésicule ovarienne pour descendre dans la matrice, par le pavillon de la trompe, s'opère dans un temps variant de deux à six jours. Si la copulation a lieu, pendant cet intervalle, tout œuf touché par le fluide séminal est susceptible de fécondation.

L'œuf non fécondé peut s'éjourner encore quelque temps dans la matrice, ou en être rejeté avec les dernières gouttes de sang ; ces quelques jours, dépassant rarement la huitaine, peuvent indiquer la fin de cette période de fécondation commencée à la veille de *voir*.

La conception se trouve donc principalement active au moment des règles, qui est celui des évolutions des germes dans les conduits fécondants. Il faut ajouter à cela la latitude vitale des zoospermes, pouvant encore féconder quarante-huit heures après leur séjour dans la matrice.

Dans le cas qui nous occupe, la femme arabe, peut-être très excitée et non satisfaite, vint-elle, sans perdre de temps, en sortant des bras de son mari, demander à sa compagne son complément de caresses habituelles ; celle-ci, à la fin de ses menstrues, était dans les meilleures conditions pour être fécondée ; de là, la grossesse par un frottement accentué.

Je transmets ce fait tel qu'il nous a été soumis, et, malgré les réflexions dont je l'accompagne, je ne le réédite, en m'adressant à des naturalistes et à des médecins, qu'en lui conservant toute sa forme interrogative.

Les Orientaux trouvent un excitant dans des préparations à base de haschisch ; ils y mêlent de l'ambre, du safran, du musc, de la noix muscade, et peut-être de la cantharide. Mais, l'usage le plus répandu de ce haschisch, qui n'est autre qu'un

chanvre rabougri, est d'en mêler les brindilles
avec du tabac. Selon les Arabes, c'est aussi un
apéritif; les deux sexes en usent, soit en le fu-
mant seul, soit à la consistance de pâte dite
roumi, mélange de haschisch grillé et pulvérisé
avec de la mélasse; cette préparation est noire et
non verdâtre.

En Perse, beaucoup d'hommes prennent journellement plusieurs petites boulettes de haschisch; on les désigne sous le nom de tériaki, ils
éprouvent des extases.

EUNUQUES

Je ne veux pas laisser retomber le rideau, légèrement soulevé, sur les mœurs orientales, sans dire quelques mots des *eunuques*.

Je crois que personne n'ignore qu'ils sont de deux sortes, les uns sur lesquels on a enlevé seulement les testicules, les autres complétement privés des bourses et de la verge. Ces derniers sont les plus prisés, et naturellement les plus chers, en raison de la mortalité qui frappe cette mutilation pratiquée généralement sur de très jeunes enfants; 10 pour 100 seulement survivent aux tortures résultant de l'opération, effectuée d'un seul coup de rasoir, abattant tout ce qui dépasse le pubis.

L'établissement le plus en renom, pour ce genre de négoce, est tenu par des moines cophtes; ils sont très riches.

L'eunuque complet est grand, maladif, sans énergie, a la démarche lente et la voix flûtée; il est d'autant plus beau dans son emploi, qu'il est laid et repoussant. Quelques-uns, après avoir été les conseillers de maîtres en évidence, arrivent aux plus hautes dignités, amassent des richesses et ont des harems.

SKOPTZI

A mon retour du Caucase, j'ai vu à Marani, sur les bords de l'ancien Phase, une ville russe peuplée d'eunuques ; presque tous les métiers sont tenus par eux. Portefaix et rameurs sur les barques qui descendent le fleuve jusqu'à Poti, ils sont paresseux, méchants, curieux, avares et joueurs, ils appartiennent, dit-on, à une secte religieuse qui leur impose la castration après avoir produit un enfant.

Chaque fois que l'autorité s'aperçoit de la mutilation d'un de ces sectaires, elle envoie celui-ci comme soldat au régiment de Marani.

C'est ainsi qu'on m'expliqua ce rassemblement d'hommes amaigris, pâles, chez lesquels la barbe devient rare d'abord, puis cesse de pousser, vivant en défiance et en querelles perpétuelles. C'est une variété de la secte des Scoptzis.

En Egypte, lorsqu'on n'enlève que les testicules, comme à ceux dont je viens de parler, le sujet a moins de valeur ; cependant, cette castration simple, fait encore perdre un tiers sur le nombre des opérés.

Nous ajouterons à ce que nous avons dit de l'infibulation pratiquée sur les femmes de certaines régions de l'Afrique, quelques renseignements tirés de sources qui nous paraissent intéressantes. Denon, dans son voyage en Egypte, raconte que, lorsque les Français se furent avancés aux environs de Syène, les Arabes s'enfuirent des villages, dans lesquels on trouva, abandonnées, des jeunes filles venant de subir l'opération barbare d'une couture qui fermait presque complétement les grandes lèvres.

Dans leurs excursions en Egypte et en Nubie, MM. Cadalvène, de Breuvery et Combes nous décrivent aussi cette opération. — C'est à huit ou neuf ans que les jeunes filles sont soumises à l'infibulation, un tube très étroit sert à ménager l'ouverture indispensable aux écoulements naturels. Des matrones préposées à cet usage sont chargées de pratiquer la contre-opération à l'époque du mariage. Ces femmes mettent ordinairement à leurs soins un prix élevé ; aussi advient-il quelquefois que le nouveau marié ne peut, faute d'argent, faire subir à sa fiancée cette opération essentielle ; et, telle douloureuse qu'elle paraisse, beaucoup de femmes sont exposées à la subir plus d'une fois : on dit qu'il arrive rarement qu'un

Nubien parte pour un long voyage, sans s'assurer, par ce moyen de couture, de la vertu de sa moitié pendant son absence. Ce qui, du reste, n'empêche pas en Nubie, comme ailleurs, un jaloux d'être trompé : lorsque la femme apprend, par une caravane, le retour prochain de son mari, elle se fait recoudre ; il en est ainsi sur lesquelles l'infibulation a été répétée jusqu'à six ou huit fois.

Après le mariage, et lorsque le moment est venu d'employer le ministère des matrones, c'est le nouveau marié qui donne ses instructions particulières à celles-ci.

Ainsi qu'il arrive souvent, lorsqu'on croit avoir tout prévu, l'infibulation, qui paraissait la meilleure garantie de la virginité des jeunes Nubiennes, produit fréquemment un résultat absolument opposé : bien des femmes, vendues comme esclaves, se refont ainsi une virginité en subissant ce mode de rétrécissement artificiel, qui permet au marchand de tromper l'acheteur sur la valeur réelle de sa marchandise.

GARDIENS DE LA FIDÉLITÉ
CONJUGALE

CADENAS. — CEINTURES

Nous ne voulons pas détailler ce que la jalousie humaine a pu inventer de mutilations absurdes et de pratiques douloureuses, nous savons que, dans ce dernier genre, certaines peuplades africaines ne laissent sortir leurs femmes que munies d'un mandrin ou moule en roseau, faisant saillie de plusieurs centimètres, et maintenu en place au moyen de liens ne se défaisant qu'avec une combinaison spéciale. Nous arrêtons ici les citations qui, sans leur donner plus de développements, affirment ces pratiques plus ou moins sanglantes, et nous allons dire quelques mots, comme détails de mœurs, se rattachant à l'ethnographie, des garanties extérieures qui furent imposées brutalement aux femmes: on en trouve l'application aussi bien chez les peuples sauvages que chez ceux dits les plus civilisés. Je veux parler des ceintures de sûreté, dont une coutume barbare fit le gardien de la fidélité conjugale.

En 1781, de Pauw, dans ses *Recherches philosophiques sur les Américains*, s'exprime ainsi, à propos d'un engin protecteur que les Indiens imposent à leurs femmes : « Il consiste en une ceinture tressée de fils d'airain et cadenassée, au-dessus des hanches, au moyen d'une serrure composée de cercles mobiles, où l'on a gravé un certain nombre de caractères et de chiffres. Il n'y a qu'une seule combinaison pour comprimer le ressort qui ouvre, et c'est le secret du mari. »

Dans un plaidoyer, soutenu, en 1751, par un certain Freydier, avocat à Nîmes, celui-ci s'élève fortement contre l'application d'une ceinture de chasteté, dont il donne la description : « Une espèce de caleçon bordé et maillé de plusieurs fils d'archal, entrelacés les uns dans les autres, forme une ceinture qui va aboutir, par-devant, à un cadenas ; ce contour, formant l'enceinte de la prison, dont il est le geôlier, a diverses coutures, cachetées au moyen de cire d'Espagne, de loin en loin.

Toute cette machine est construite de façon qu'il reste à peine un très petit espace, tout hérissé de pointes, le rendant inaccessible. »

Misson, dans son *Voyage d'Italie*, parle de ceintures conservées dans l'arsenal de Venise ;

elles proviennent, comme pièces à charge, du procès fait au viguier impérial de Padoue : « Ibi sunt seræ et varia repagula, quibus turpe illud monstrum pellices suas occludebat. » C'est en 1405 que Carrara, dont il est question, fut étranglé par arrêt du Sénat.

Malgré cette punition exemplaire, la mode de cet instrument se répandit. Brantôme nous apprend que cette précaution, paraissant satisfaire l'humeur jalouse des Italiens, faillit s'introduire en France, sous le règne de Henri II. L'essai en fut tenté par un négociant, qui étala sans aucun succès, de ces ceintures de fer, dites *à la Bergamasque,* à la foire de Saint-Germain; il n'eut que le temps de prendre la fuite avec sa marchandise, les promeneurs menaçant de tout jeter à la Seine.

J'ai pu me procurer, à Venise, un spécimen de cet engin. Mais, le plus beau document de ce genre que j'aie vu, dont l'aspect indique trop bien le double service qu'on exigeait de lui, pour qu'on puisse l'exposer au public, est en fer forgé, gravé et repiqué d'or. La partie antérieure est un morceau de cuirasse, se moulant sur la courbe du ventre, d'abord d'une largueur de 10 centimètres à la taille, allant, en s'amincissant, rejoindre une charnière, qui la rive à la partie postérieure. Un peu avant cette dernière existe

une petite ouverture allongée, ovalaire, dentelée.
A partir de la charnière, et en remontant par
derrière, on trouve la seconde ouverture en
forme de trèfle; puis le fer se creuse en rainures,
pour s'arrondir ensuite légèrement des deux côtés
et remonter, comme par devant, jusqu'à la taille,
où il se relie à un cercle brisé et ouvragé, qui doit
clore définitivement les deux issues naturelles
sous une armure défensive en acier.

Les pièces qui en constituent l'armature sont
très finement ciselées et dorées; à la face antérieure sont gravées les figures d'Adam et d'Ève,
entourées d'arabesques et de mascarons du meil-
leur style. La partie postérieure est recouverte
d'une ornementation analogue. De petits trous,
qui bordent partout la ceinture et les plaques,
indiquent que l'objet, si travaillé, devait être
doublé et piqué, pour adoucir son con tact avec
la peau. Nous avons reconnu, à certains signes,
que cette ceinture avait dû être faite absolument
sur mesure.

On voit un échantillon de ces ceintures de
chasteté au musée de Cluny : c'est une pièce en
ivoire, soudée à une ceinture en acier, recouverte
de velours rouge et maintenue fermée par une
serrure. Ce spécimen est dans un état d'usure
indiquant un long service : une chronique, probablement erronée, semble l'assigner à une reine.

J'ai fait aussi le dessin d'une ceinture de ce genre qui se trouve au Musée d'artillerie.

Certainement qu'on se sentira disposé à l'indulgence envers Italiennes et Espagnoles (ainsi bridées par une contrainte, offensant et leur amour-propre et leur corps) du peu d'estime qu'elles avaient pour ceux qui les torturaient ainsi.

Rabelais est peut-être trop affirmatif quand il dit que personne ne s'est avisé, en France, de faire venir de ces cadenas d'Italie ni d'en fabriquer.

FIN

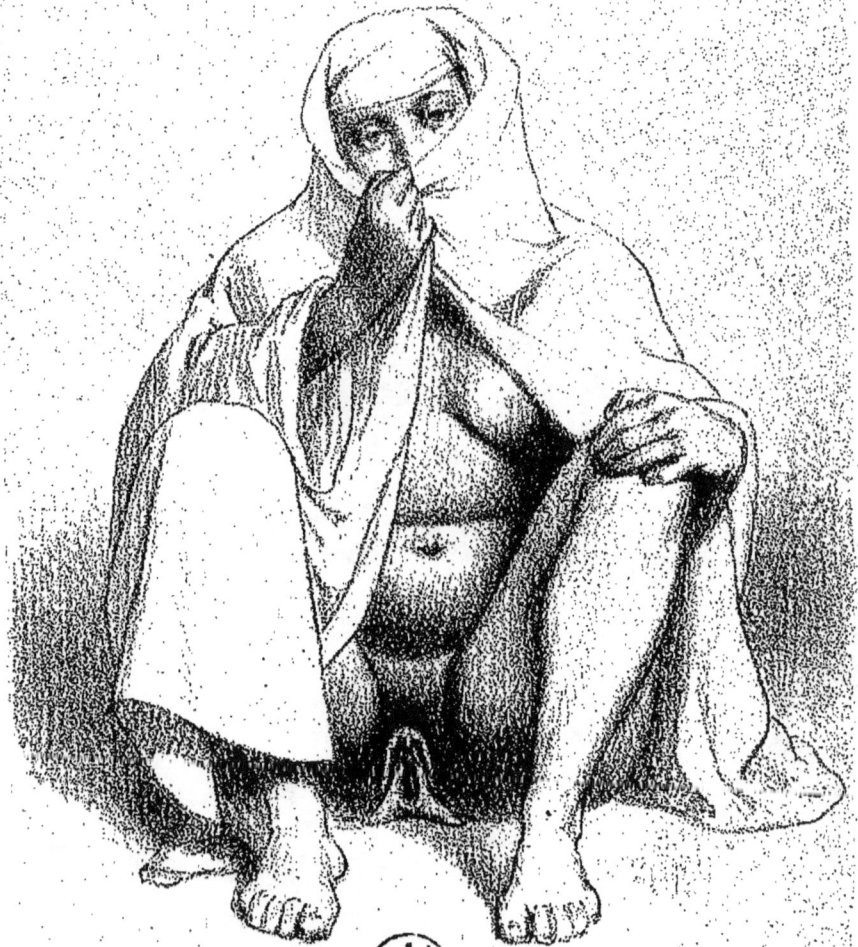

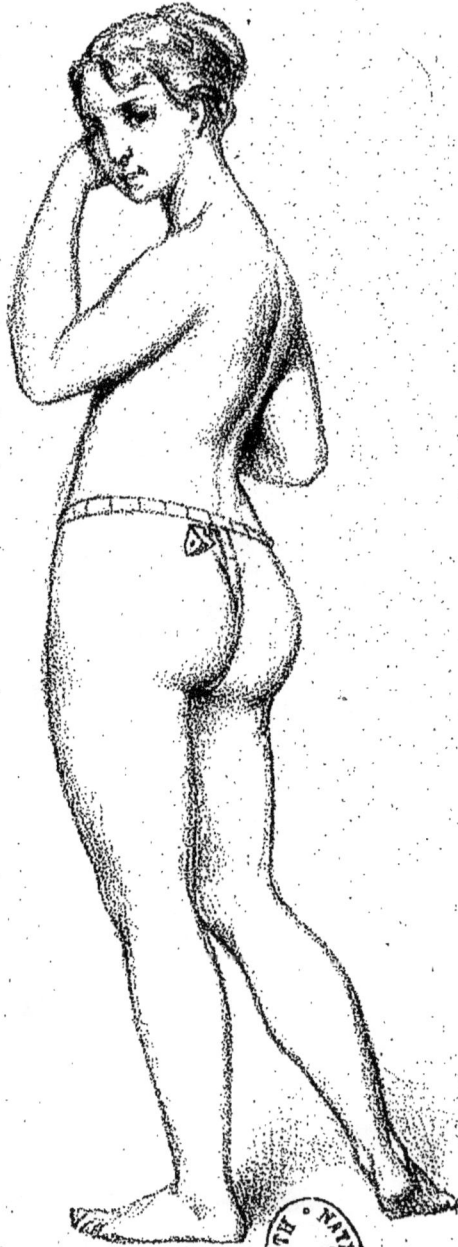

III

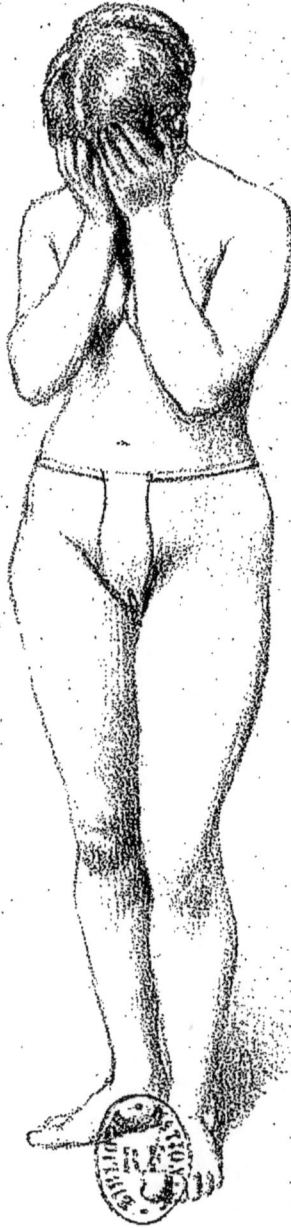

V

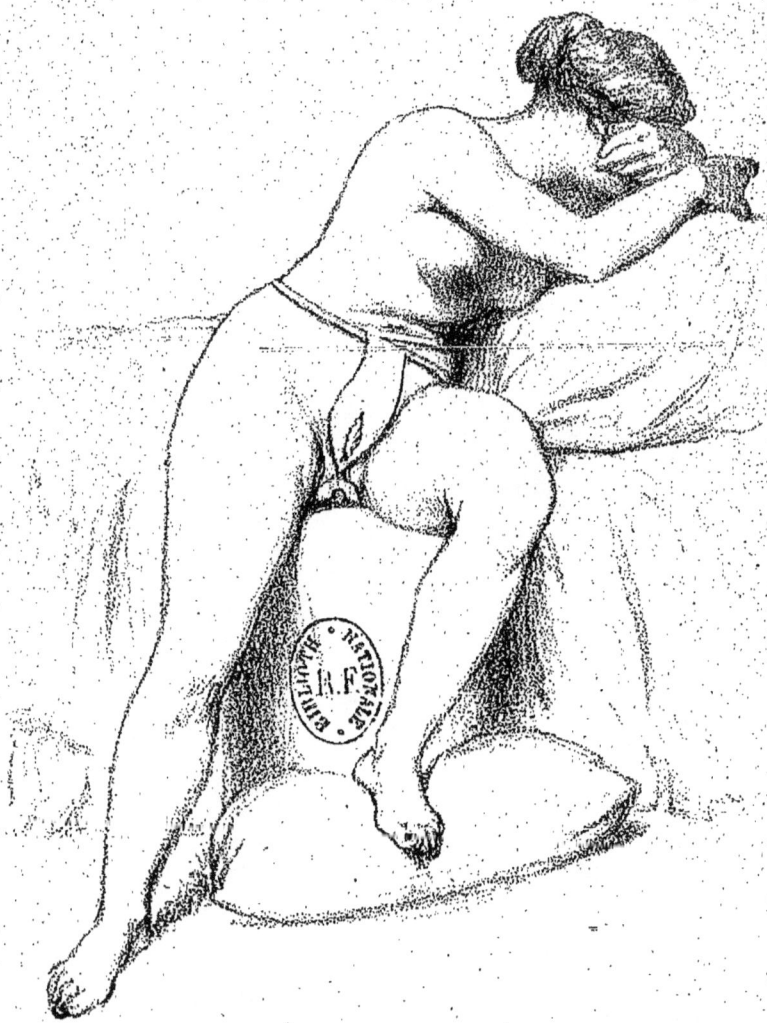

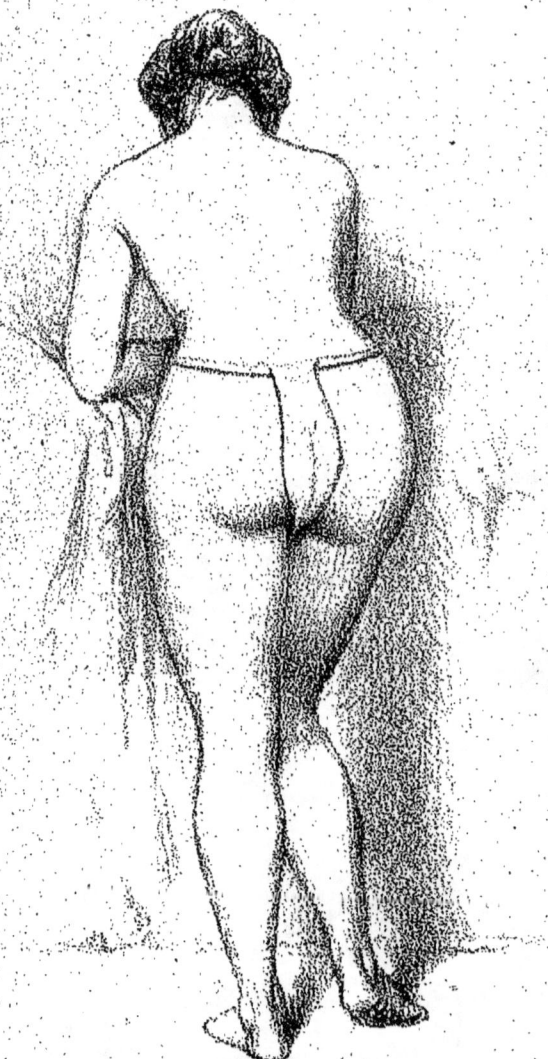

VIII

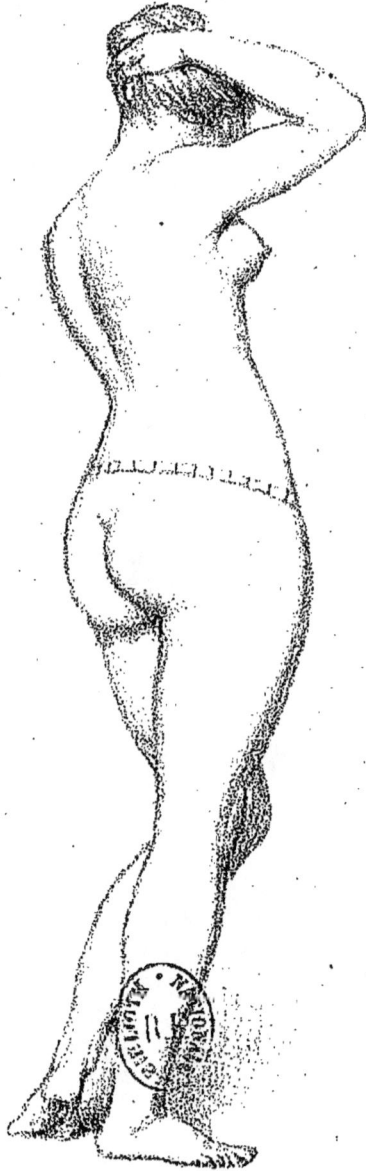

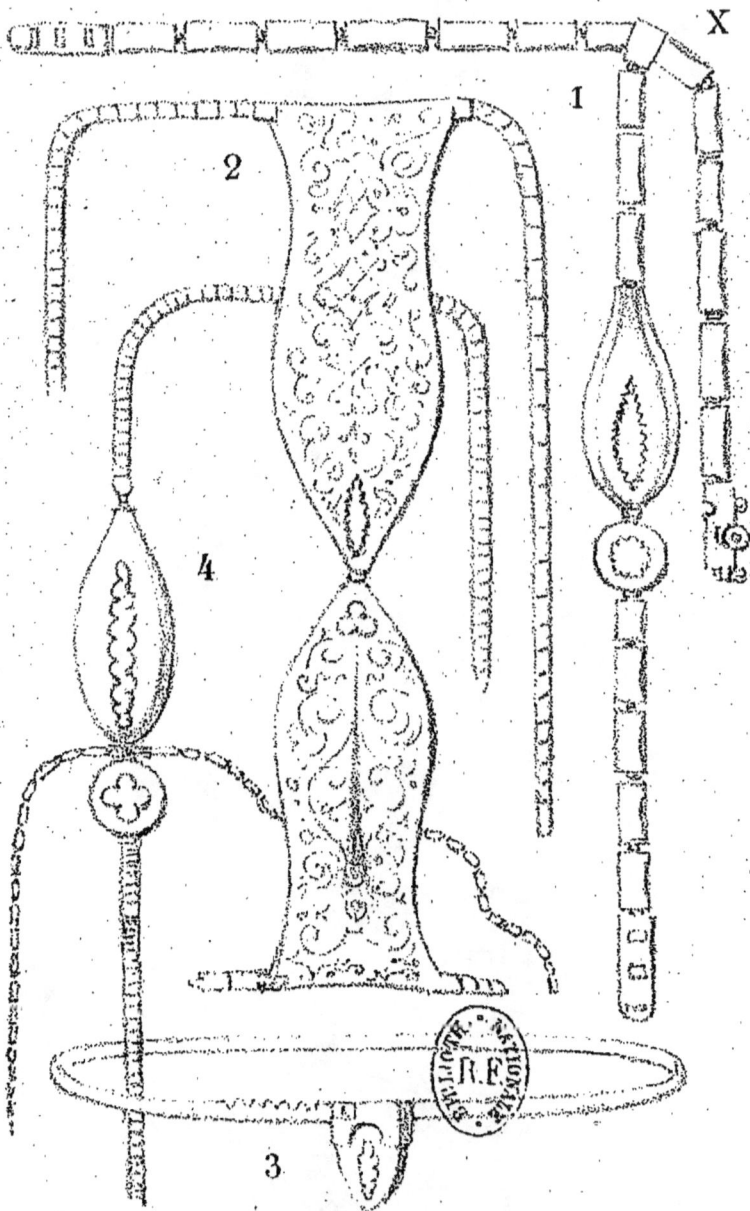

X

1

2

4

3

2523